Léo Delibes

Der König hat's gesagt (Le roi l'a dit)

Komische Oper in 3 Acten

Léo Delibes

Der König hat's gesagt (Le roi l'a dit)
Komische Oper in 3 Acten

ISBN/EAN: 9783743399020

Hergestellt in Europa, USA, Kanada, Australien, Japan

Cover: Foto ©Thomas Meinert / pixelio.de

Manufactured and distributed by brebook publishing software (www.brebook.com)

Léo Delibes

Der König hat's gesagt (Le roi l'a dit)

Personen.

Der Marquis von Moncontour.	*Hoher Bass.*
Die Marquise.	*Mezzo-Sopran.*
Philomele, ⎫	*Sopran.*
Chimene, ⎬ deren Töchter...	*Sopran.*
Agathe, ⎪	*Sopran.*
Angelique, ⎭	*Sopran.*
Baron von Merlussac.	*Bass.*
Gautru, Financier.	*Bass.*
Marquis von Flarambel...	*Sopran.*
Marquis de la Bluette.	*Mezzo-Sopran.*
Miton, Professor der Tanzkunst.	*Erster Komiker.*
Javotte, Zofe der Marquise.	*Erster Sopran.*
Benoit, Bauer.	*Tenor.*
Pacome, Diener.	*Tenor-Buffo.*

Sänftenträger. Lieferanten. Masken.

Scene: In Versailles, 1688.

INHALTSVERZEICHNISS.

Akt I.

Ouverture.		Pag:	3.
N⁰ 1. Introduction.	Drei Schritte vor....	„	11.
N⁰ 2. {Ensemble und Marsch der Sänftenträger.			
	Ah! Wie? Was giebt es denn}	„	28.
N⁰ 3ª. Duett. (Jarotte, Benoit.)	Als Schweizer denk' vor allen Dingen	„	46.
N⁰ 3ᵇ. Lied. (Benoit.)	Jacquot singt hell wol auf der Haide..	„	54.
N⁰ 4. Couplets. (Miton.)	Er wird den Hof Dir machen..	„	60.
N⁰ 5. Ensemble und Serenade.	Furien, ihr Schrecken der Sünder,	„	62.
N⁰ 6. Couplets. (Marquis.)	O Theure, bedenk' unsre Lage.	„	81.
N⁰ 7. Finale.	He? was? Ei wie?	„	84.

Akt II.

ENTR'ACT. Menuett..		„	115.
N⁰ 8. Chor.	Holde Zauber der Mährchenlande	„	117.
N⁰ 8ª. Romanze. (Jarotte.)	Blickt mein Aug' in herben Schmerzen.	„	124.
N⁰ 9. Couplets. (Benoit.)	Hab' ich nicht das dreiste Wesen	„	129.
N⁰ 10. Terzett. (Benoit, Flur. und La Bluette.)	Unerhört, ein Scandal!......	„	130.
N⁰ 10ª. Melodram.		„	146.
N⁰ 11. Arie. (Jarotte.)	Was soll ich sagen	„	147.
N⁰ 12. Tanz-Chor.	Hu! Hu! Geronte mocht sich regen	„	154.
N⁰ 13. Rondo. (Marquis.)	Ja! Element bin stolz gar sehr	„	157.
N⁰ 14. Finale.	O welche Lust	„	161.

Akt III.

ENTR'ACT.		„	187.
N⁰ 15. Rondo. (Benoit.)	Gar stattlich kleidet wol ein Degen...	„	189.
N⁰ 16. Couplets. (Philomèle.)	Ja tragen wir nur dunkle Roben.	„	190.
N⁰ 17. Duett. (Jarotte, Benoit.)	Ich bin Benoit, o lass Dir sagen	„	198.
N⁰ 18. Finale.	Aus ist nun alle Noth.	„	208.

Der König hat's gesagt.
(Le Roi l'a dit.)
OUVERTURE.

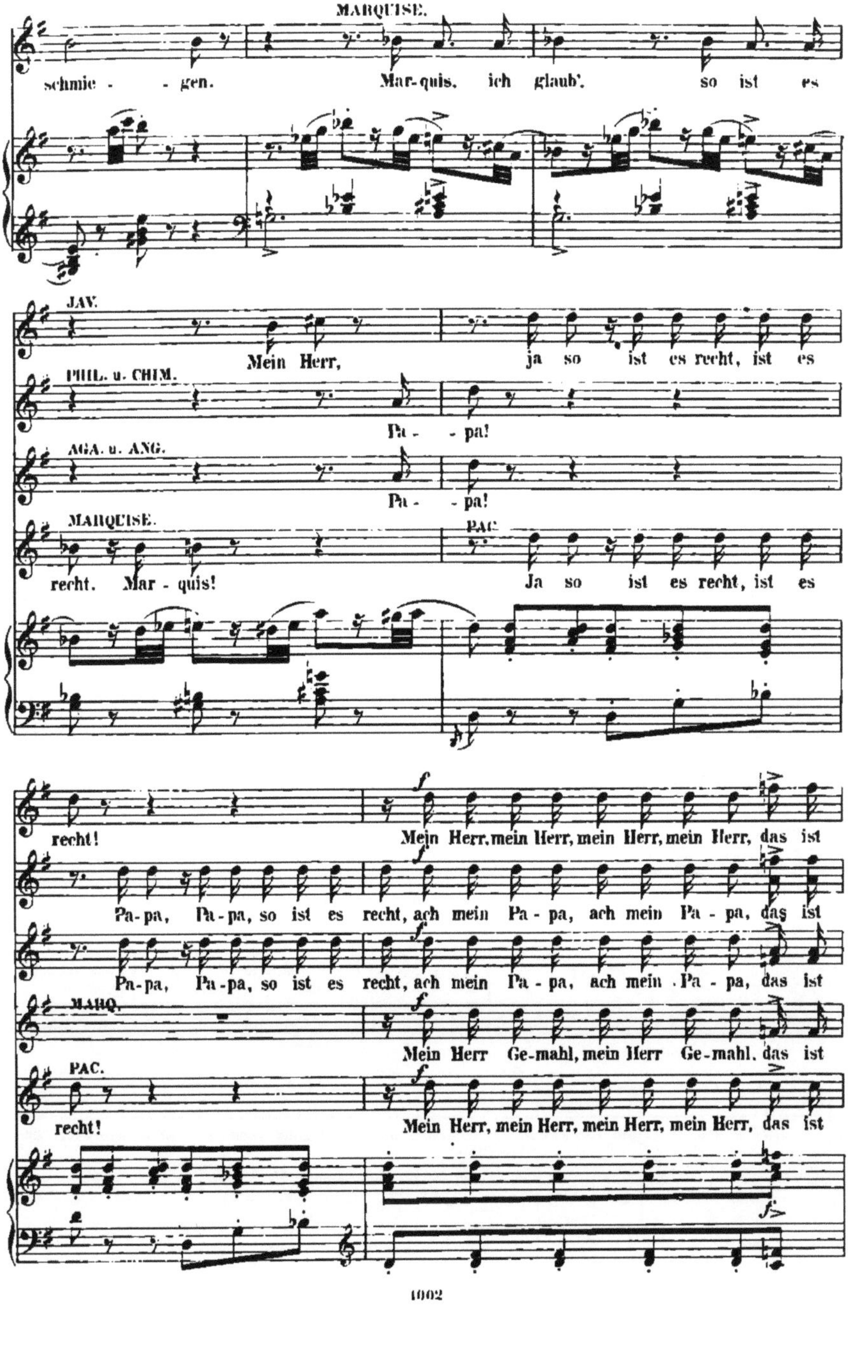
MARQUISE.
schmie - gen. Mar-quis, ich glaub', so ist es
JAV.
Mein Herr, ja so ist es recht, ist es
PHIL. u. CHIM.
Pa - pa!
AGA. u. ANG.
Pa - pa!
MARQUISE.
recht. Mar - quis!
PAC.
Ja so ist es recht, ist es
recht!
Mein Herr, mein Herr, mein Herr, mein Herr, das ist
Pa-pa, Pa-pa, so ist es recht, ach mein Pa - pa, ach mein Pa - pa, das ist
Pa-pa, Pa-pa, so ist es recht, ach mein Pa - pa, ach mein Pa - pa, das ist
MARQ.
Mein Herr Ge-mahl, mein Herr Ge-mahl, das ist
PAC.
recht!
Mein Herr, mein Herr, mein Herr, mein Herr, das ist

N.º 2. ENSEMBLE u. MARSCH der SÄNFTENTRÄGER.

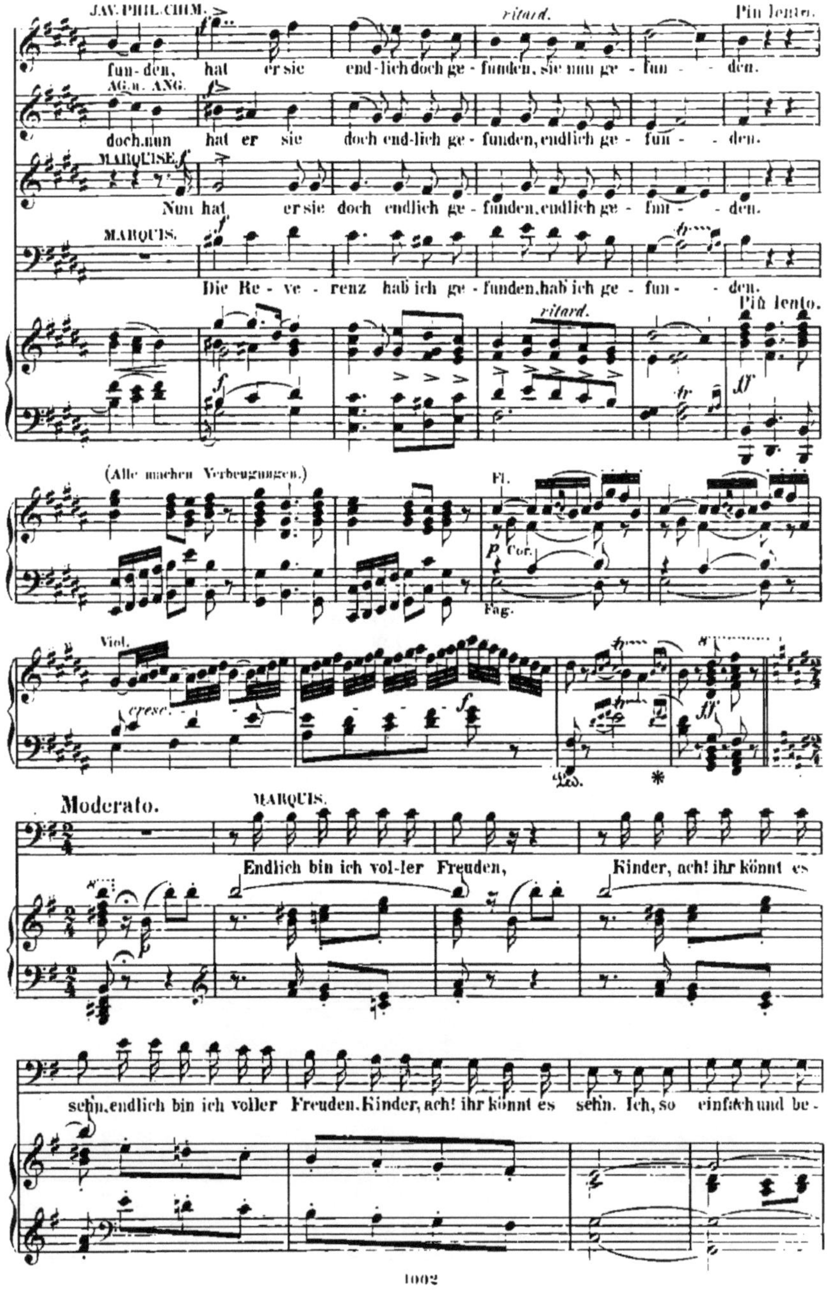
JAV. PHIL. CHIM.
ritard.
Più lento.
fun-den, hat er sie end-lich doch ge-funden, sie nun ge-fun-den.
AG. u. ANG.
doch nun hat er sie doch end-lich ge-funden, endlich ge-fun-den.
MARQUISE.
Nun hat er sie doch endlich ge-funden, endlich ge-fun-den.
MARQUIS.
Die Re-ve-renz hab' ich ge-funden, hab' ich ge-fun-den.
ritard.
Più lento.
(Alle machen Verbeugungen.)
Fl.
Cor.
Fag.
Viol.
cresc.
Moderato.
MARQUIS.
Endlich bin ich vol-ler Freuden, Kinder, ach! ihr könnt es
sehn, endlich bin ich voller Freuden. Kinder, ach! ihr könnt es sehn. Ich, so einfach und be-

JAV.
Wel-che Ehr' für un-ser Haus, ach wel-che
PH. CH. AG. u. ANG.
Welche Ehr' ist uns be-schieden!
MARQUISE.
Wel-che Ehr! ich preise sie, ach, die-se
PAC.
Ehr' für un-ser Haus! Wel-che Ehr' für un-ser
MARQUIS.
Wel-che Ehr' für un-ser
Wel-che
Ehr'! wel-che Ehr' für un-ser Haus, welche Ehr' für un-ser
welche Ehr', wir prei-sen
Ehr'! welche Ehr', ich preise
Haus, ach! wel-che Ehr'! welche Ehr' für un-ser
Haus! Nicht so stürmisch, gebt mir Frie-den, ach, mir geht der A-them
Ach, wel-che Ehr'!
Ehr' für un-ser Haus! welche

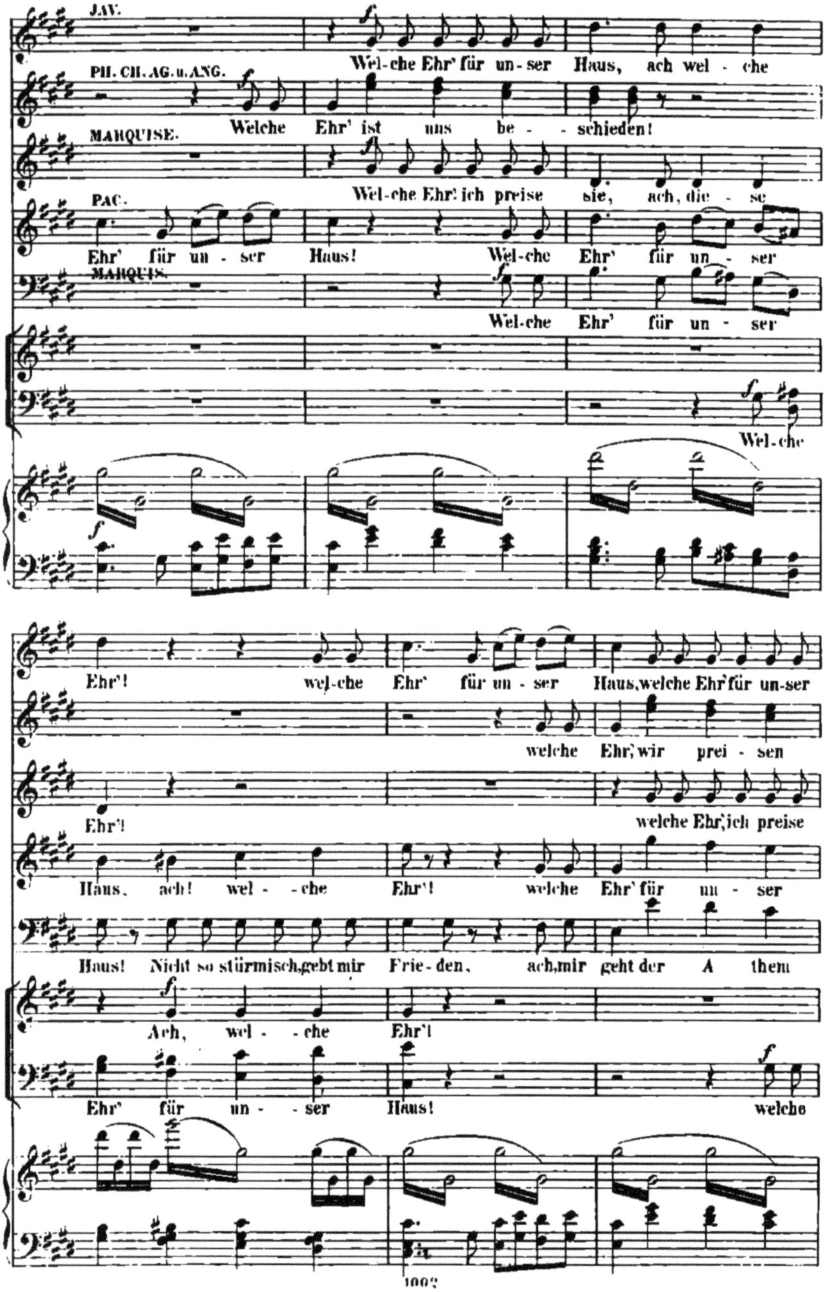

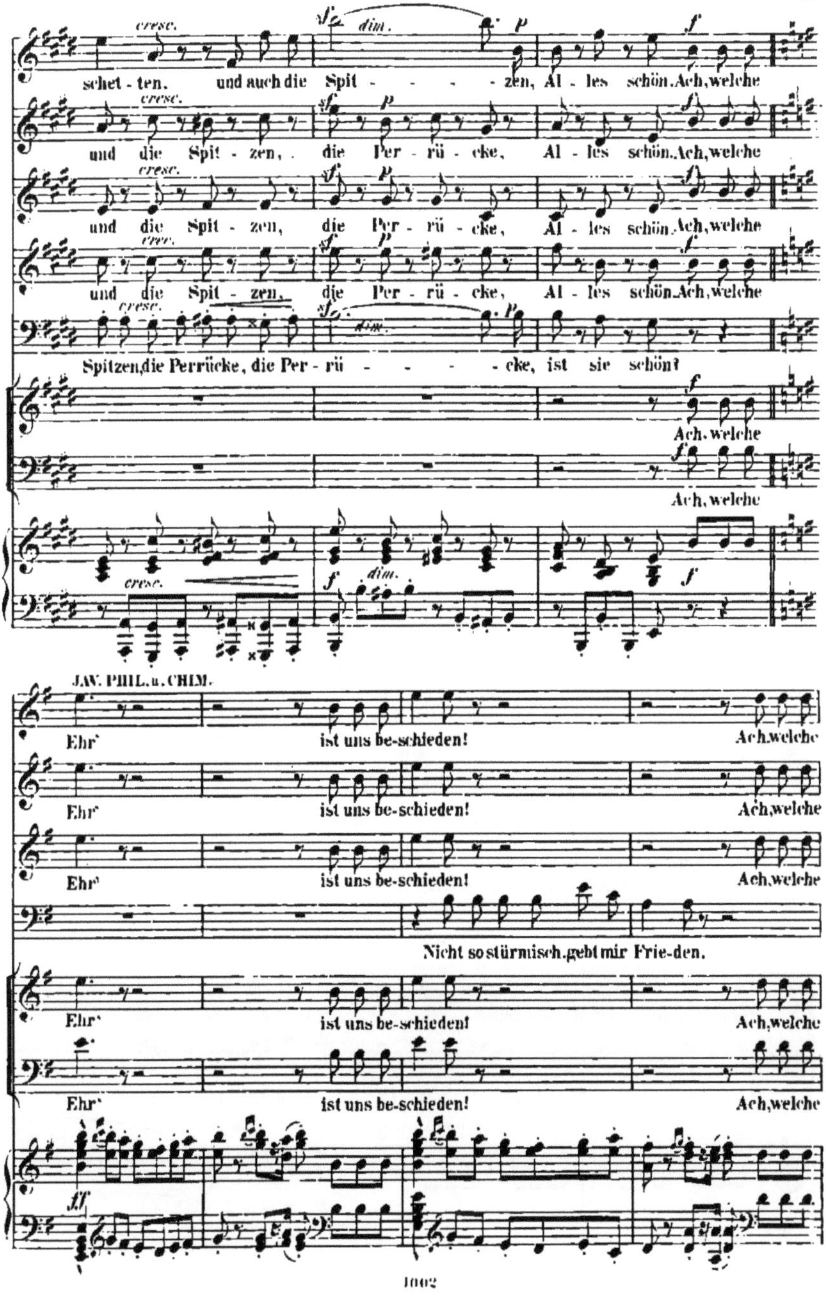
cresc.
sf dim.
p
f
schet - ten. und auch die Spit - - - - - zen, Al - les schön. Ach, welche
und die Spit - zen, die Per - rü - cke, Al - les schön. Ach, welche
und die Spit - zen, die Per - rü - cke, Al - les schön. Ach, welche
und die Spit - zen, die Per - rü - cke, Al - les schön. Ach, welche
Spitzen, die Perrücke, die Per - rü - - - - - cke, ist sie schön?
Ach, welche
Ach, welche
JAV. PHIL. u. CHIM.
Ehr' ist uns be-schieden! Ach, welche
Ehr' ist uns be-schieden! Ach, welche
Ehr' ist uns be-schieden! Ach, welche
Nicht so stürmisch, gebt mir Frie-den.
Ehr' ist uns be-schieden! Ach, welche
Ehr' ist uns be-schieden! Ach, welche
ff

sehn, er wird den Kö - - nig   sehn. Wel - che Ehr'
sehn, er wird den Kö - - nig   sehn. Wel - che Ehr'
sehn, er wird den Kö - - nig   sehn. Wel - che Ehr'
(Der Marquis besteigt eine Sänfte.)
sehn. O Himmel lasst mich   gehn!
sehn, er wird den Kö - - nig   sehn. Wel - che Ehr'
sehn, er wird den Kö - - nig   sehn. Wel - che Ehr'

Più animato.

wel - che Ehr' für un - ser Haus, wel - che Ehr'   er wird den Kö - nig
wel - che Ehr' für un - ser Haus, wel - che Ehr'   er wird den Kö - nig
wel - che Ehr' für un - ser Haus, wel - che Ehr'   er wird den Kö - nig
Lasst mich gehn,   lasst mich
wel - che Ehr' für un - ser Haus, wel - che Ehr'   er wird den Kö - nig
wel - che Ehr' für un - ser Haus, wel - che Ehr'   er wird den Kö - nig

N? 4. COUPLETS.

N° 5. ENSEMBLE und SERENADE.

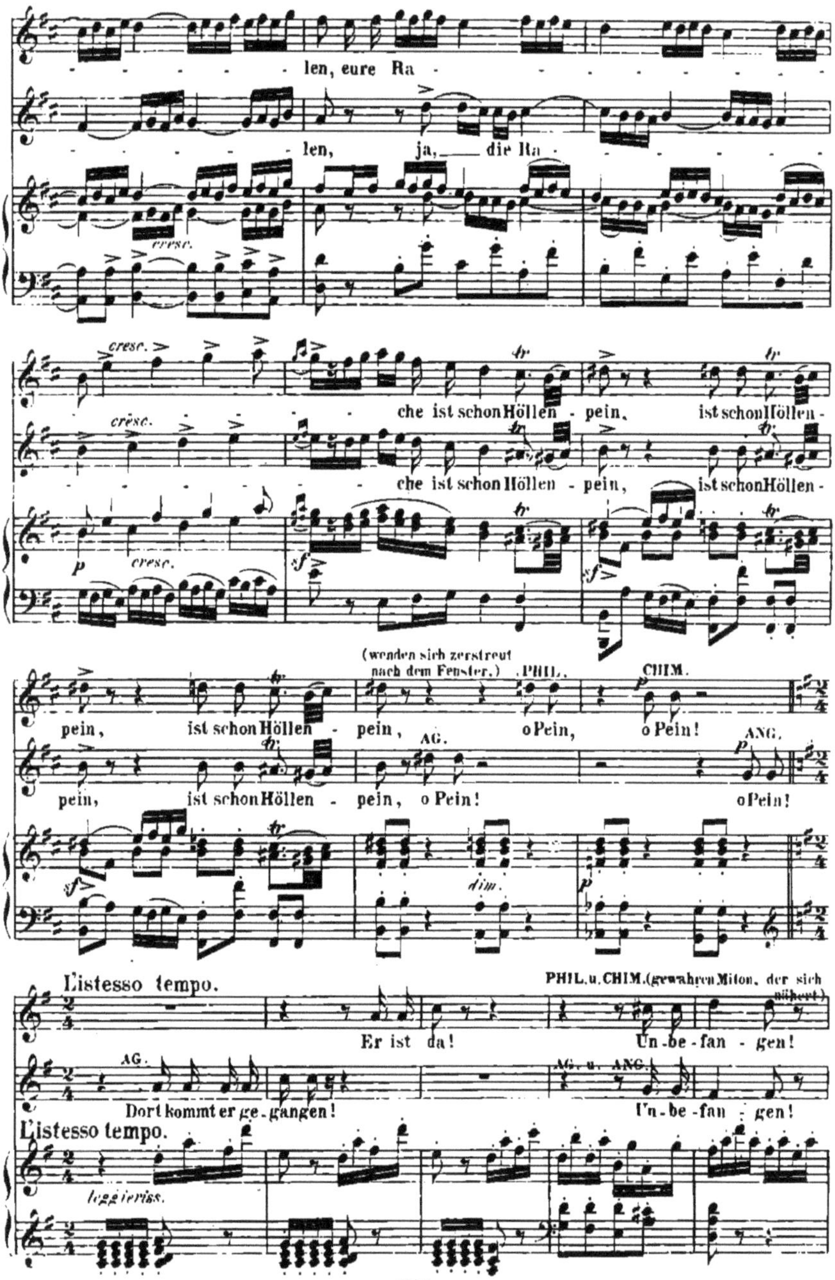

len, eure Ra
len, ja, die Ra
cresc.
che ist schon Höllen - pein, ist schon Höllen -
che ist schon Höllen - pein, ist schon Höllen -
p
cresc.
sf
(wenden sich zerstreut nach dem Fenster.)
PHIL.
CHIM.
pein, ist schon Höllen - pein, o Pein, o Pein!
AG.
ANG.
pein, ist schon Höllen - pein, o Pein! o Pein!
dim.
L'istesso tempo.
PHIL. u. CHIM. (gewahren Miton, der sich nähert)
Er ist da! Un - be - fan - gen!
AG.
AG. u. ANG.
Dort kommt er ge - gangen! Un - be - fan - gen!
L'istesso tempo.
leggieriss.

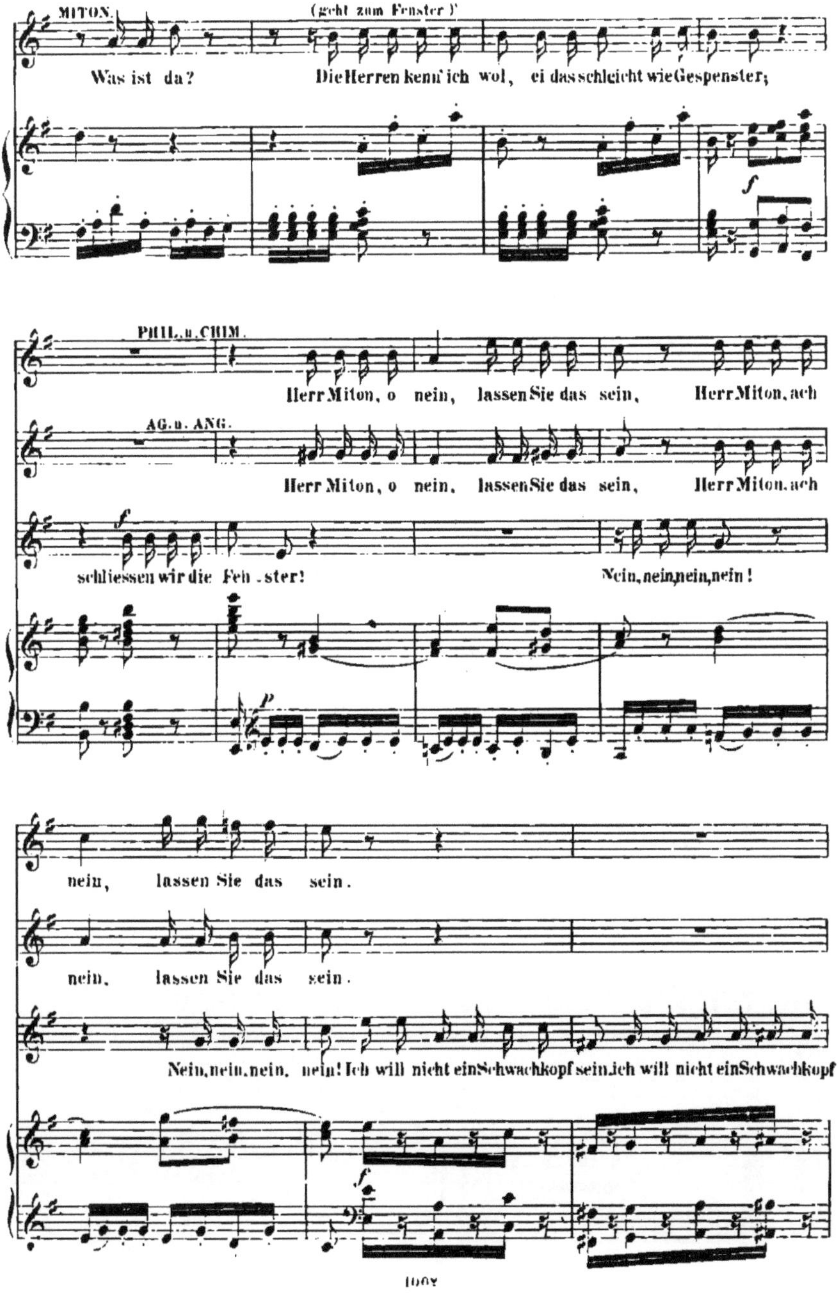
MITON.
(geht zum Fenster.)
Was ist da?
Die Herren kenn' ich wol, ei das schleicht wie Gespenster;
PHIL. u. CHIM.
Herr Miton, o nein, lassen Sie das sein, Herr Miton, ach
AG. u. ANG.
Herr Miton, o nein, lassen Sie das sein, Herr Miton, ach
f
schliessen wir die Fen - ster!
Nein, nein, nein, nein!
p
nein, lassen Sie das sein.
nein, lassen Sie das sein.
Nein, nein, nein, nein! Ich will nicht ein Schwachkopf sein, ich will nicht ein Schwachkopf
f

SERENADE.

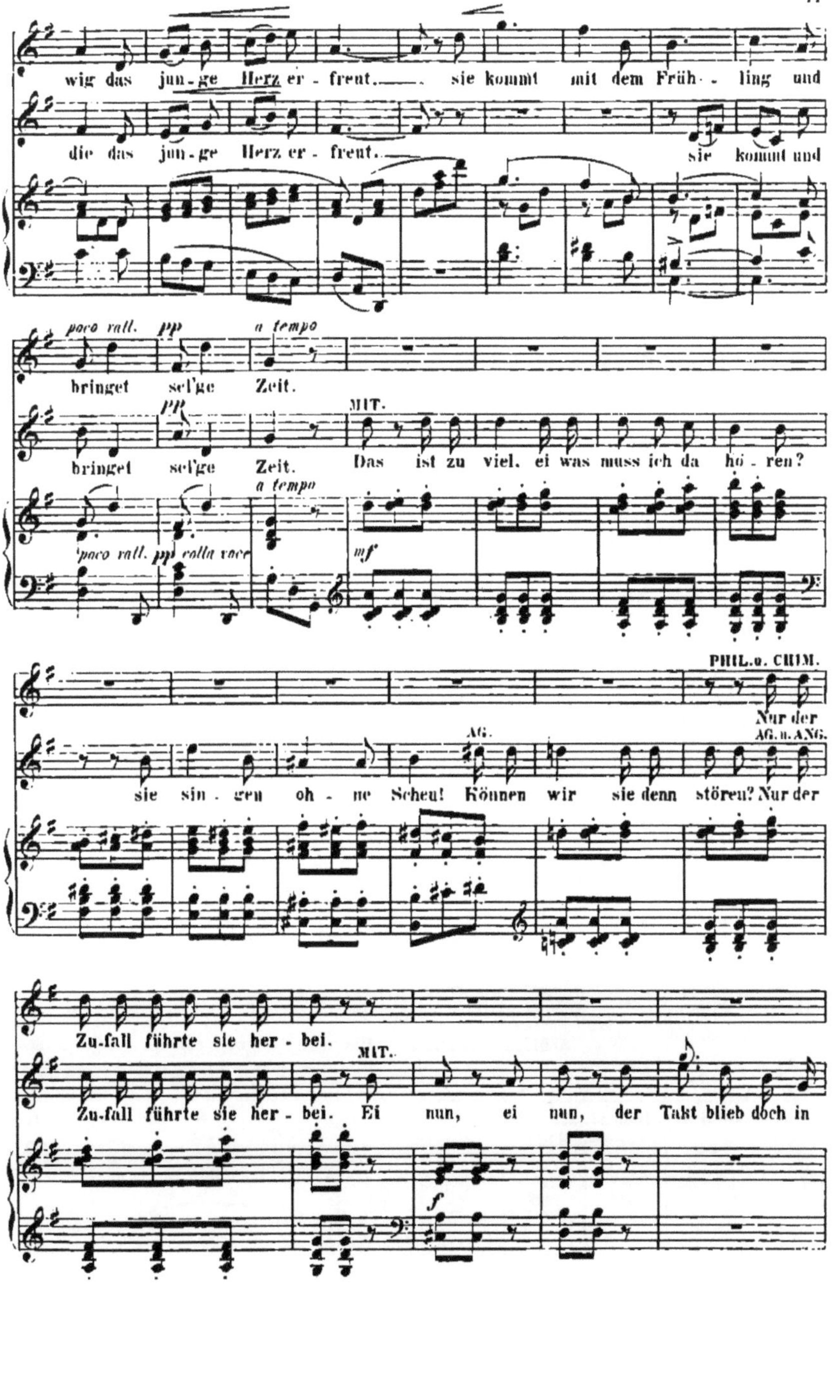
wig das jun-ge Herz er-freut. sie kommt mit dem Früh-ling und
die das jun-ge Herz er-freut. sie kommt und
paco rall. pp a tempo
bringet sel'ge Zeit.
pp MIT.
bringet sel'ge Zeit. Das ist zu viel, ei was muss ich da hö-ren?
a tempo
paco rall. pp colla voce mf
PHIL.u. CRIM.
Nur der
AG. AG.u.ANG.
sie sin-gen oh-ne Scheu! Können wir sie denn stören? Nur der
Zu-fall führte sie her-bei.
MIT.
Zu-fall führte sie her-bei. Ei nun, ei nun, der Takt blieb doch in
f

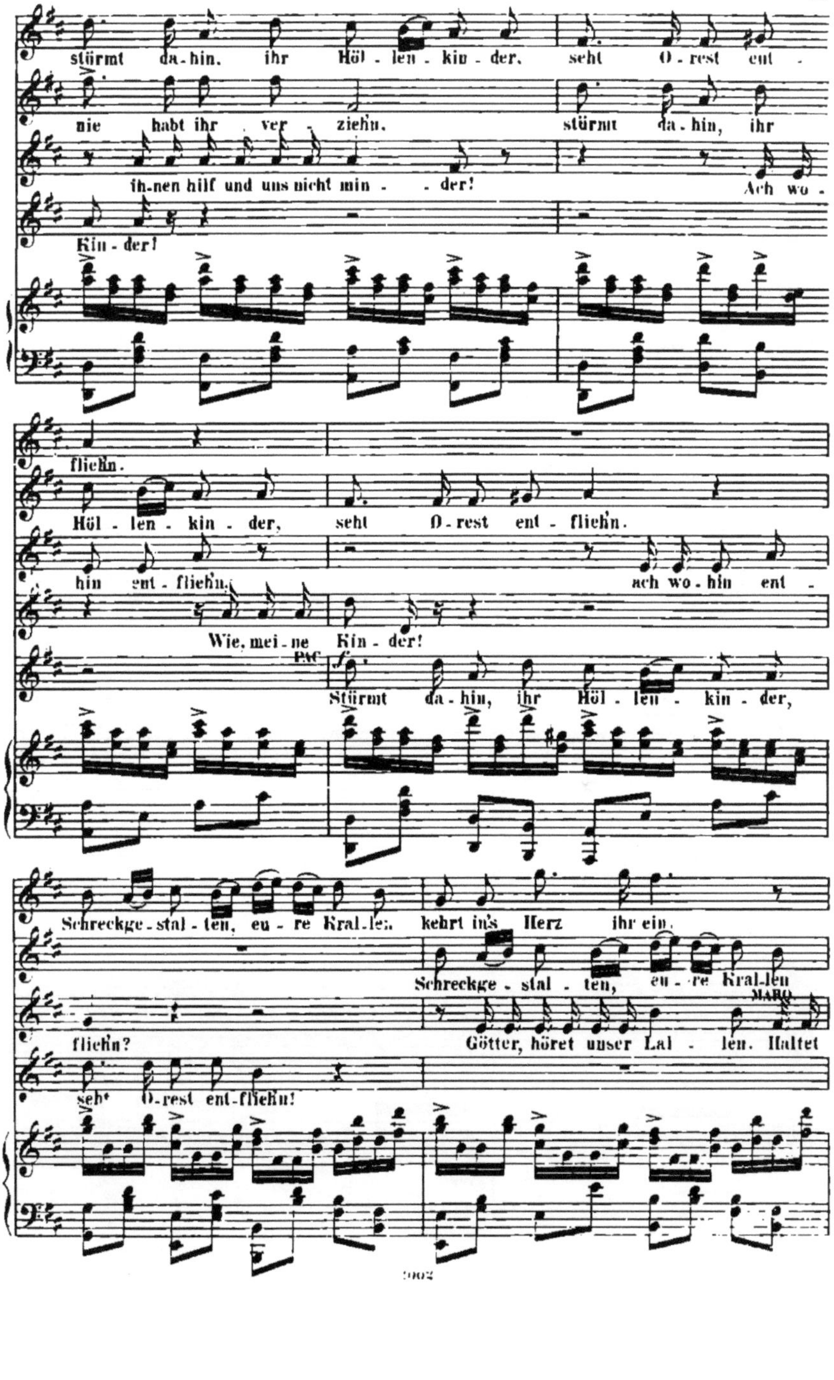
stürmt da-hin, ihr Höl-len-kin-der, seht O-rest ent-
nie habt ihr ver-ziehn. stürmt da-hin, ihr
ih-nen hilf und uns nicht min-der! Ach wo-
Kin-der!
fliehn.
Höl-len-kin-der, seht O-rest ent-fliehn.
hin ent-fliehn! ach wo-hin ent-
Wie, mei-ne Kin-der!
PAC
Stürmt da-hin, ihr Höl-len-kin-der,
Schreckge-stal-ten, eu-re Kral-len kehrt in's Herz ihr ein.
Schreckge-stal-ten, eu-re Kral-len
MARO
fliehn? Götter, höret unser Lal-len. Haltet
seht O-rest ent-fliehn!

len, eure Ra -
len, eu - re Ra -
Ach unser Lal - len
O schreitet ein! — Ach unser
mög'nicht ver - hal - len!
Ach unser
Haltet ein!
Haltet
len, eu - rer Ra - che zu ver - fal - len, eu - rer Ra - che zu ver -
len, eu - rer Ra - che zu ver - fal - len, eu - rer Ra - che zu ver -
dim.
che ist schon Höl - len -
che ist schon Höl - len
Lal - len, ach so schrei - tet
Lal - len, ach so schrei - tet
ein! O mei - ne Kin - der,
fal - len ist schon Höl - len
fal - len ist schon Höl - len
cresc.
f
tr

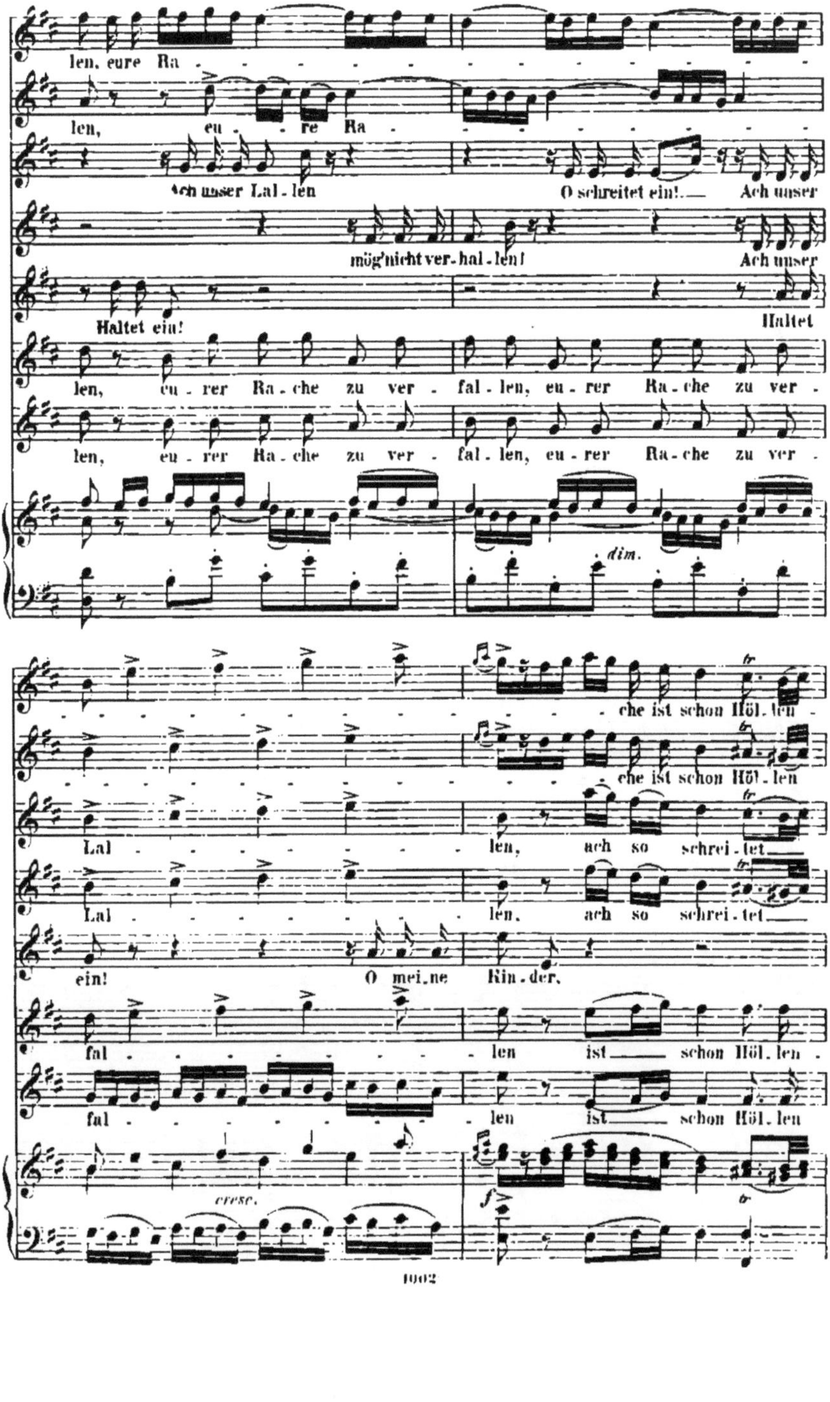

N⁰ 6. COUPLETS.

CHOR DER LIEFERANTEN.

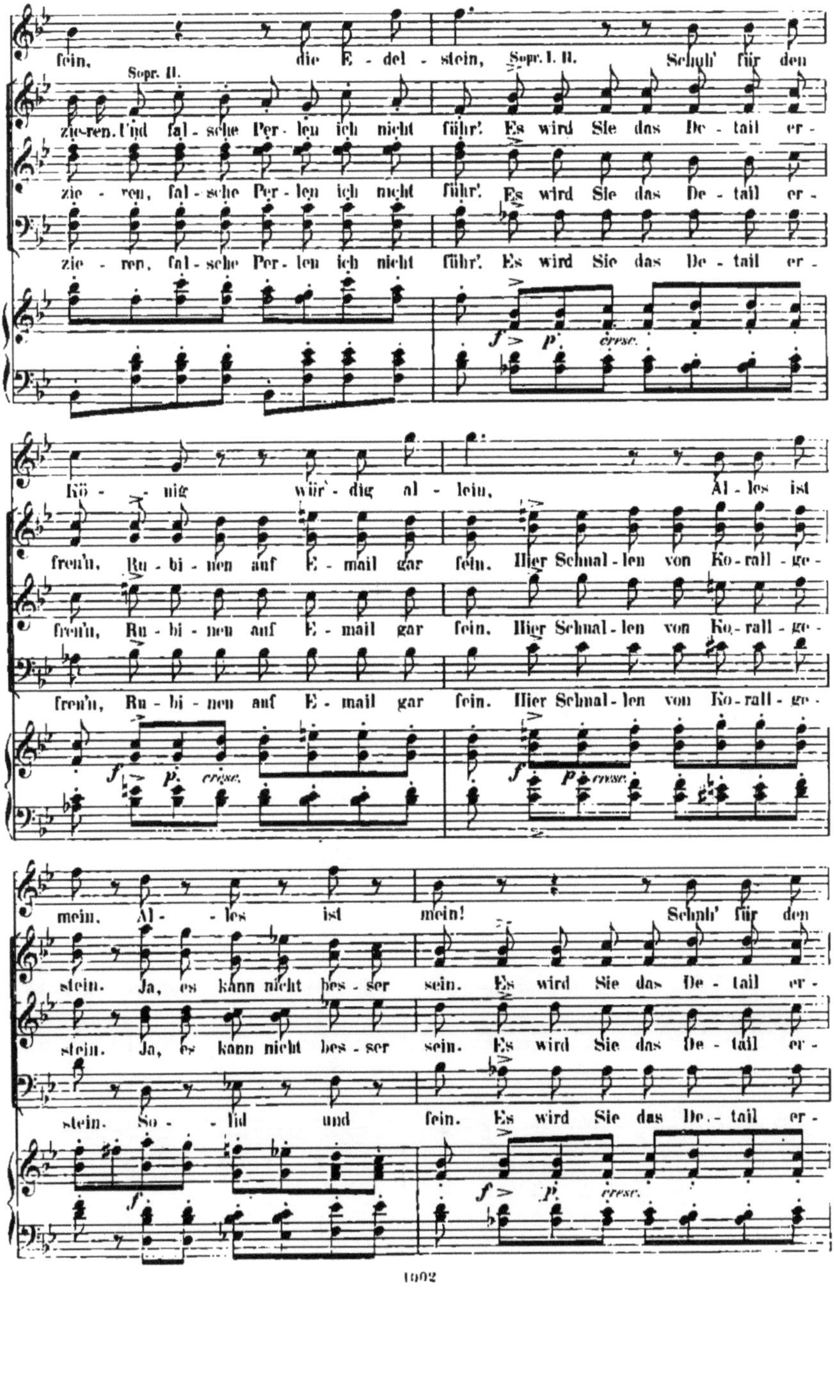
fein, die E - del - stein, Sopr. I. II. Schuh' für den
Sopr. II.
zie-ren. Und fal - sche Per - len ich nicht führ'! Es wird Sie das De - tail er -
zie - ren, fal - sche Per - len ich nicht führ'! Es wird Sie das De - tail er -
zie - ren, fal - sche Per - len ich nicht führ'! Es wird Sie das De - tail er -
f > p cresc.
Kö - nig wür - dig al - lein, Al - les ist
freu'n, Ru - bi - nen auf E - mail gar fein. Hier Schnal - len von Ko - rall - ge -
freu'n, Ru - bi - nen auf E - mail gar fein. Hier Schnal - len von Ko - rall - ge -
freu'n, Ru - bi - nen auf E - mail gar fein. Hier Schnal - len von Ko - rall - ge -
f > p cresc.
mein, Al - les ist mein! Schuh' für den
stein. Ja, es kann nicht bes - ser sein. Es wird Sie das De - tail er -
stein. Ja, es kann nicht bes - ser sein. Es wird Sie das De - tail er -
stein. So - lid und fein. Es wird Sie das De - tail er -
f > p cresc.

Akt II.

ENTR'ACT.

N?8. CHOR und ROMANZE.

nacht sei fröh-lich ge-kost und ge-lacht, im Freuden-rau--sche der
ah! sei fröh-lich ge-kost und ge-lacht, im Freuden-rau--sche der
ah! sei fröh-lich ge-kost und ge-lacht, im Freuden-rau--sche der
hol-den Nacht, im Rausche der fröh-li-chen Sommer-nacht!
hol-den Nacht, im Rausche der fröh-li-chen Sommer-nacht!
hol-den Nacht, im Rausche der fröh-li-chen Sommer-nacht!
dim.
Fl.
Pic.
Fl.
Ob.
Cl.

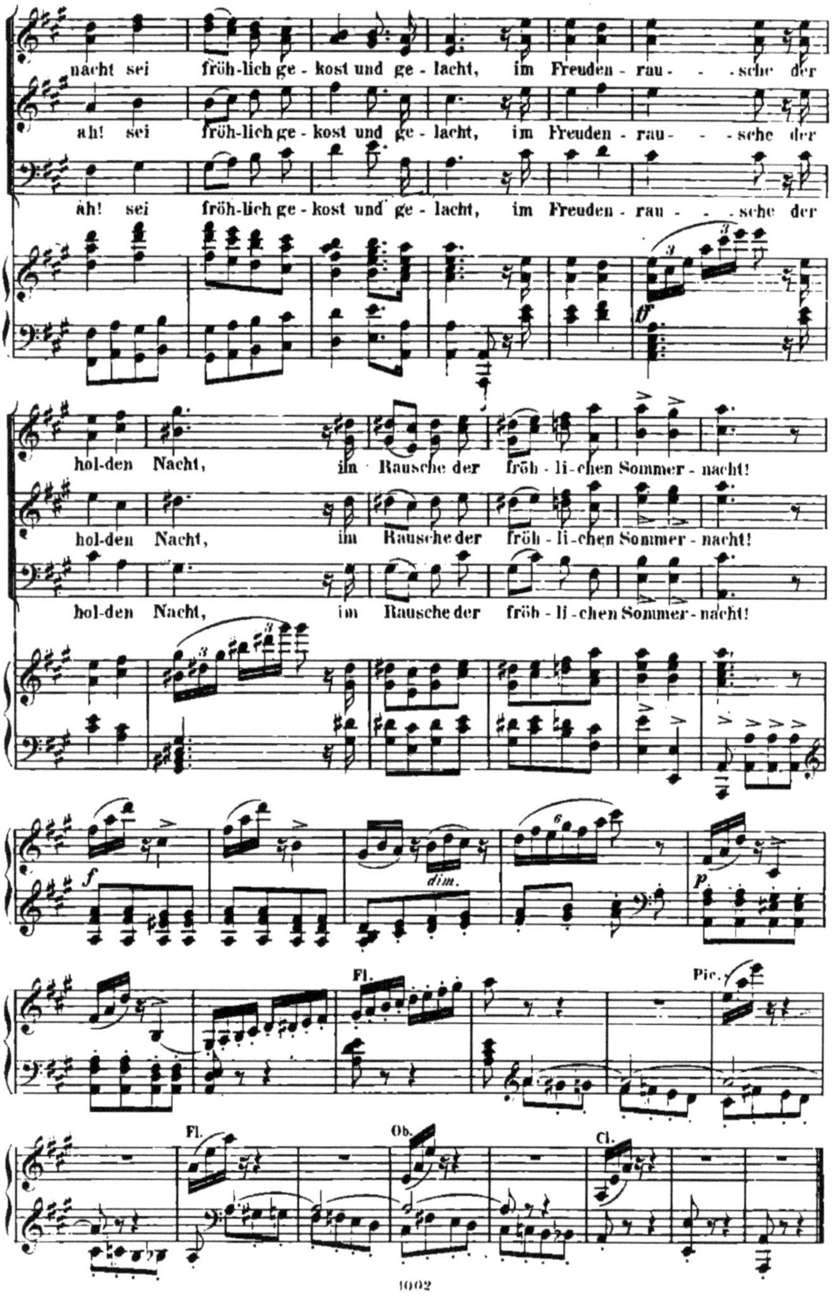

No 10. TERZETT.

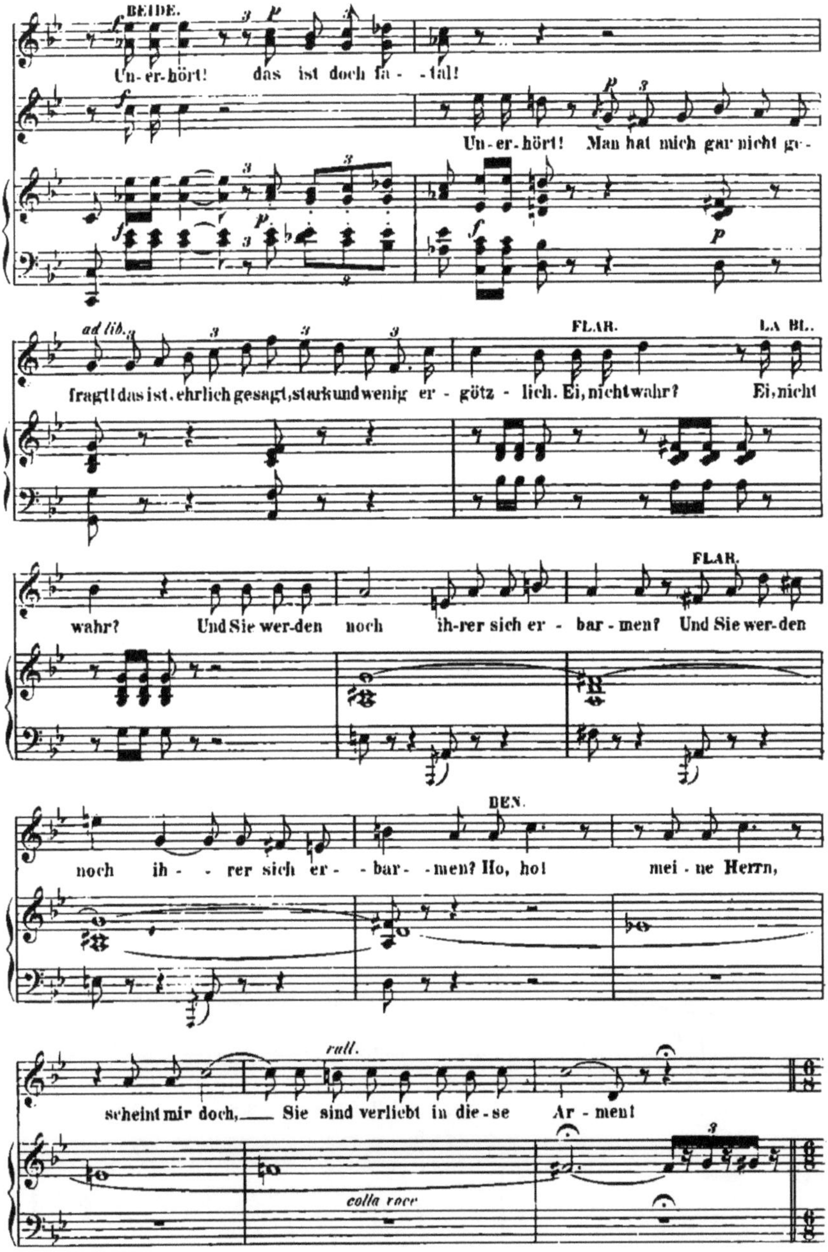
BEIDE.
Un-er-hört! das ist doch fa - tal!
Un-er-hört! Man hat mich gar nicht ge-
ad lib.
fragt! das ist, ehrlich gesagt, stark und wenig er - götz - lich.
FLAR.
Ei, nicht wahr?
LA BL.
Ei, nicht wahr? Und Sie wer-den noch ih-rer sich er - bar - men?
FLAR.
Und Sie wer-den noch ih - - rer sich er - - bar - - men?
DEN.
Ho, ho! mei - ne Herrn,
scheint mir doch, Sie sind verliebt in die - se Ar - men!
rall.
colla voce

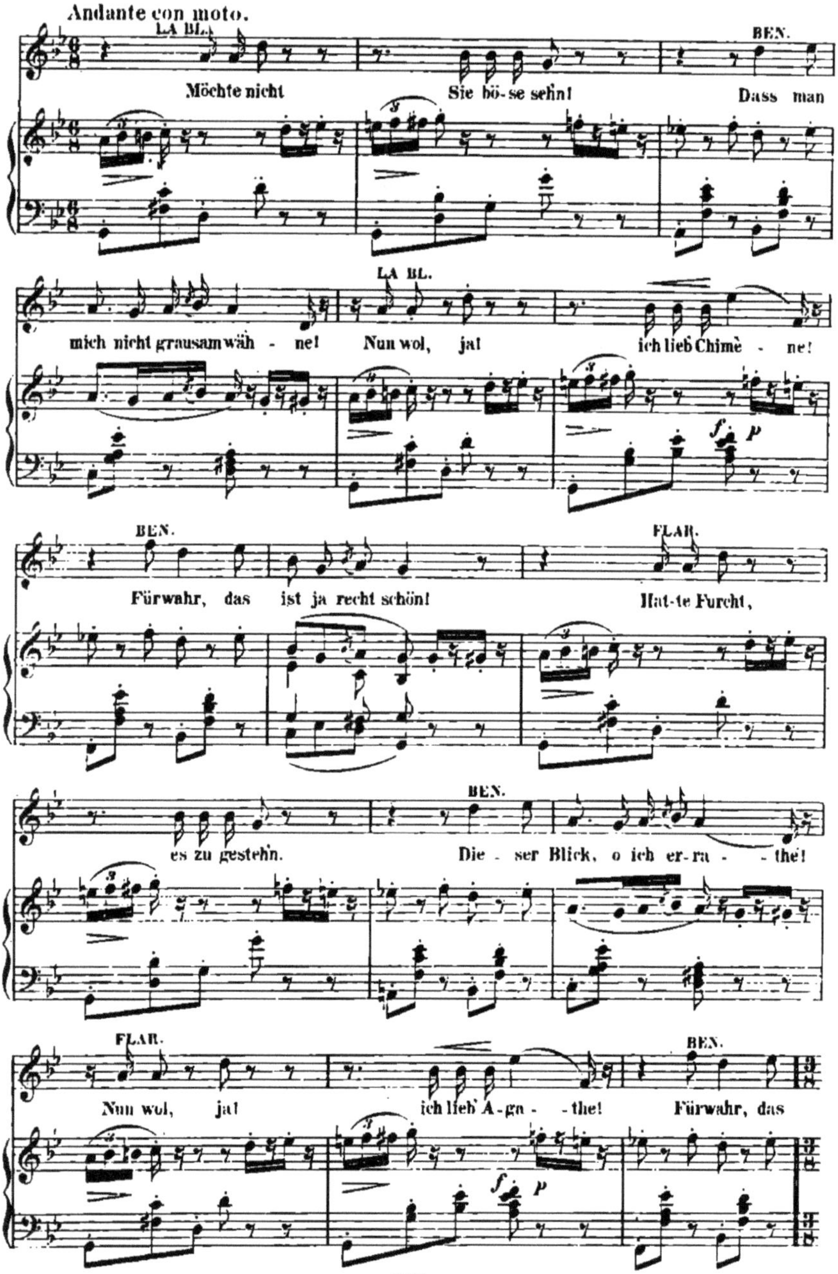

150

BENOIT. Vergebner Scherz,   Deine Coquetterie   Mich trügt kein Scheln.   Winkt mir das Glück.
        Vergebne Müh,   Besiegt mein Herz.   Aus deinem Blick   O, komm, sei mein!

N° 12. TANZ-CHOR.

No. 13. RONDO.

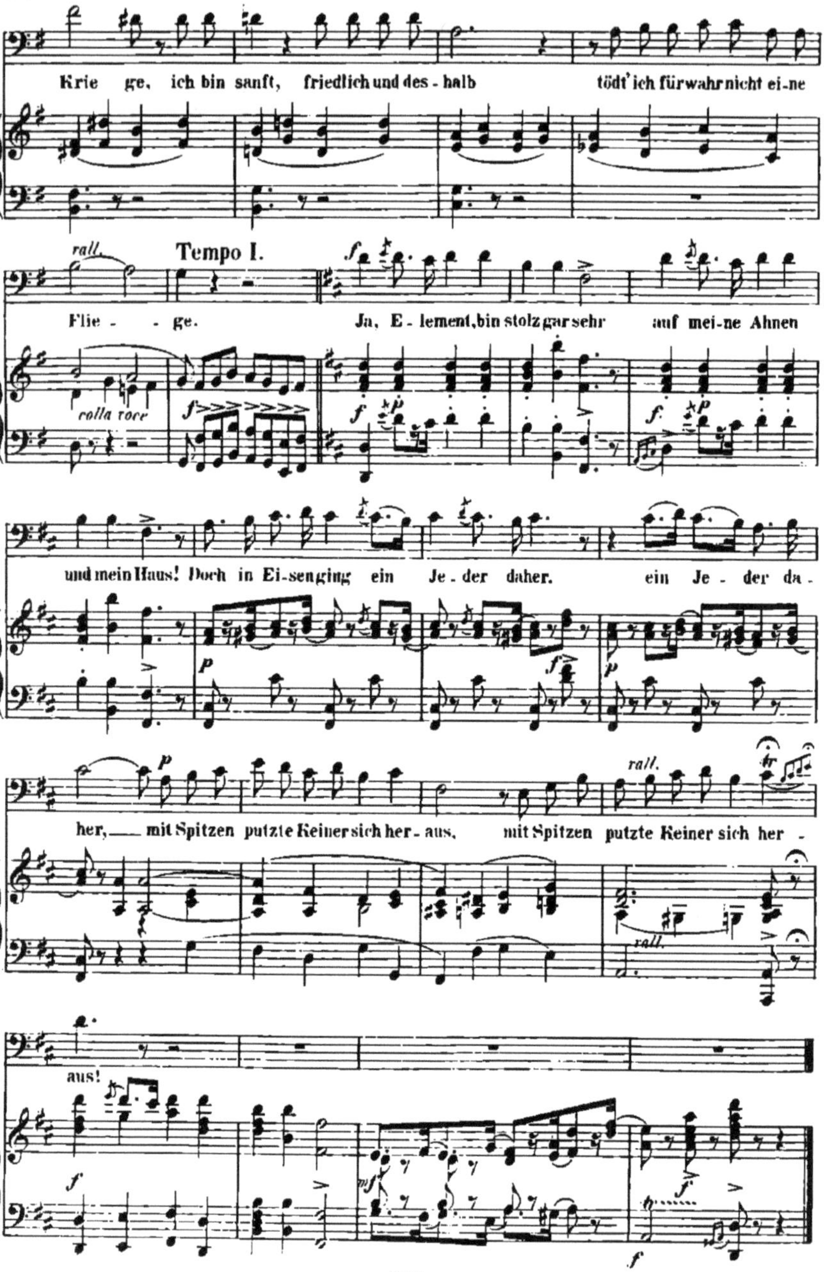
Krie ge, ich bin sanft, friedlich und des - halb tödt' ich fürwahr nicht ei - ne
Flie - ge.
rall.
Tempo I.
colla voce
Ja, E - lement, bin stolz gar sehr auf mei - ne Ahnen
und mein Haus! Doch in Ei - senging ein Je - der daher. ein Je - der da -
her, mit Spitzen putzte Keiner sich her - aus, mit Spitzen putzte Keiner sich her -
rall.
aus!

N.º 14. FINALE.

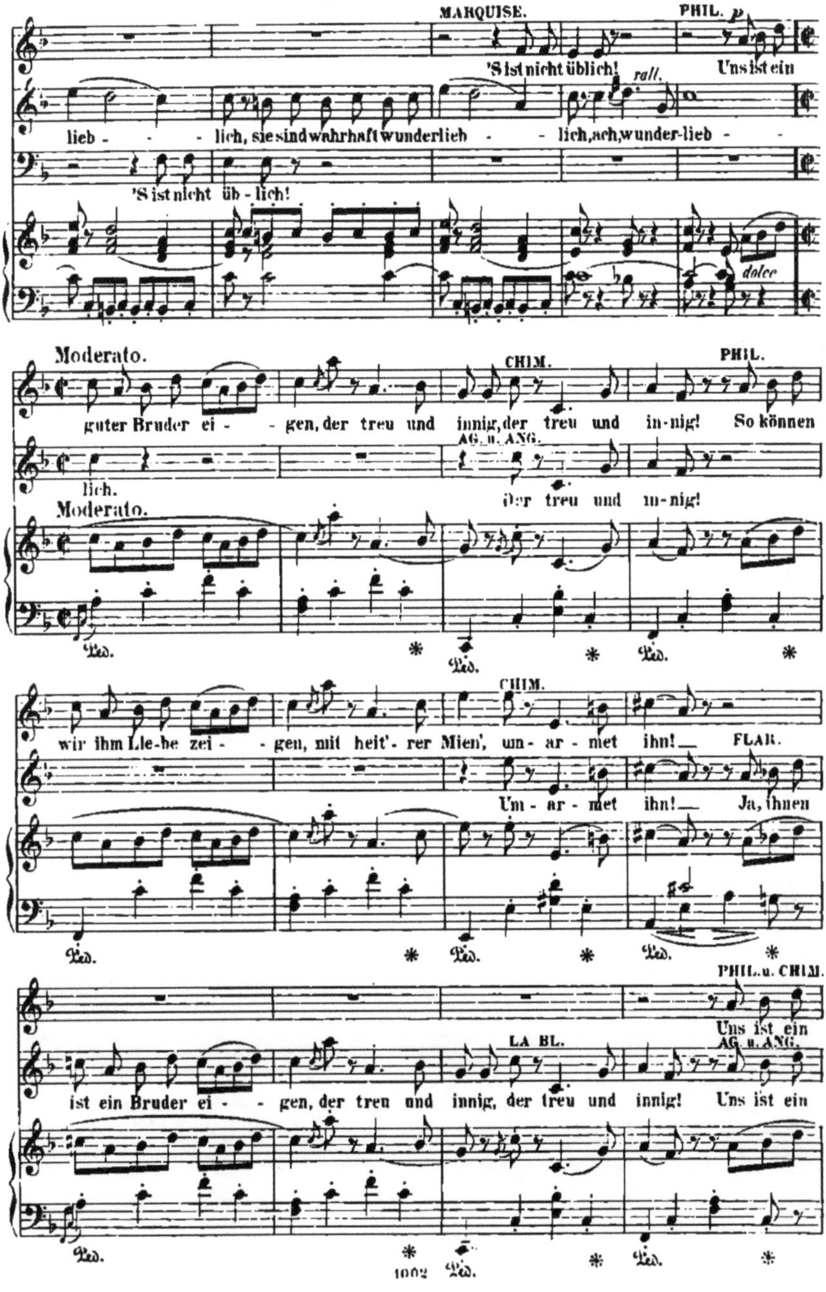
MARQUISE.
PHIL.
'S ist nicht üblich!
rall.
Uns ist ein
lieb - - lich, sie sind wahrhaft wunderlieb - - lich, ach, wunder-lieb -
'S ist nicht üb - lich!
dolce
Moderato.
CHIM.
PHIL.
guter Bruder ei - - gen, der treu und innig, der treu und in-nig! So können
AG. u. ANG.
lich.
Der treu und in-nig!
Moderato.
CHIM.
wir ihm Lie-be zei - - gen, mit heit'-rer Mien', un - ar - met ihn!
FLAR.
Um - ar - met ihn! Ja, ihnen
PHIL. u. CHIM.
Uns ist ein
LA BL.
AG. u. ANG.
ist ein Bruder ei - - gen, der treu und innig, der treu und innig! Uns ist ein

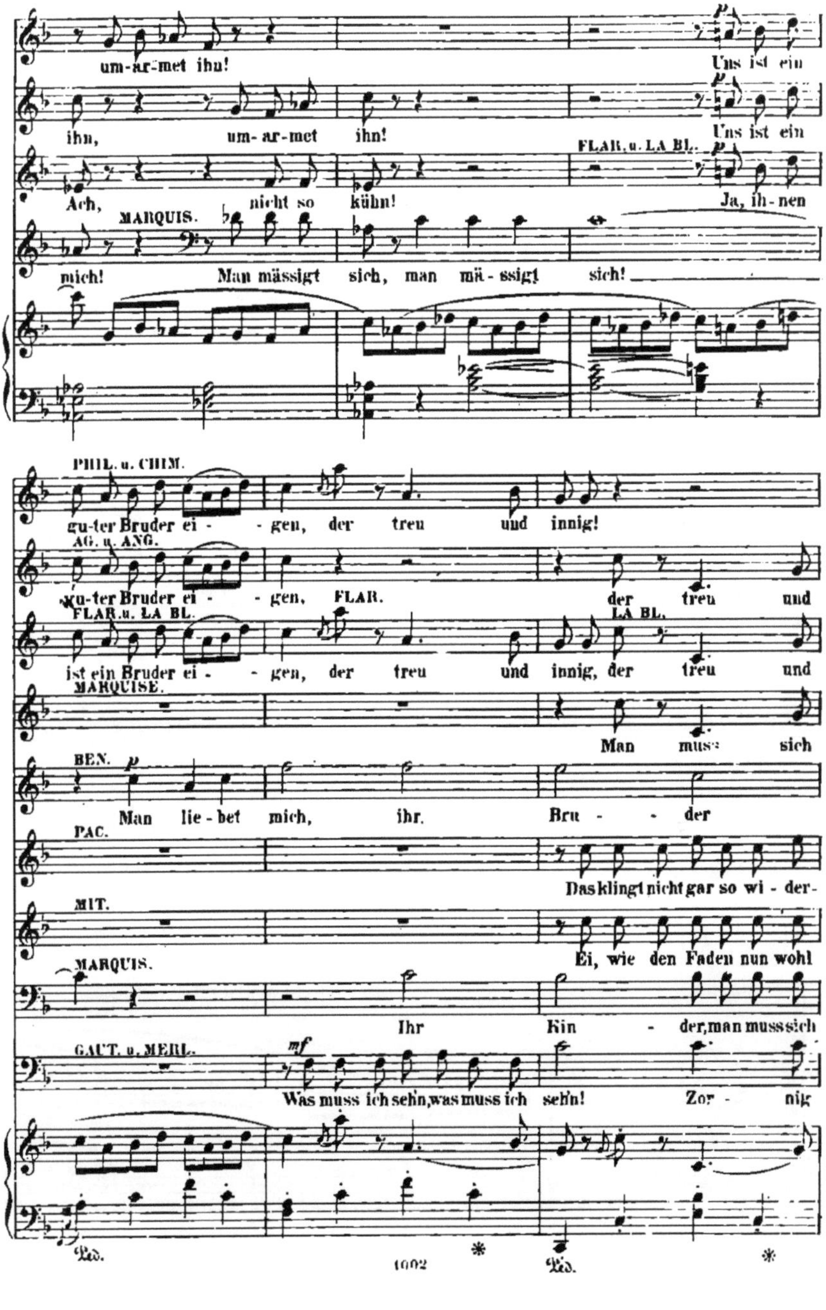
um-ar-met ihn!
Uns ist ein
ihn, um-ar-met ihn!
Uns ist ein
FLAR. u. LA BL.
Ach, nicht so kühn!
Ja, ih-nen
MARQUIS.
mich! Man mässigt sich, man mä-ssigt sich!
PHIL. u. CHIM.
gu-ter Bruder ei - gen, der treu und innig!
AG. u. ANG.
gu-ter Bruder ei - gen,
FLAR.
der treu und
FLAR. u. LA BL.
ist ein Bruder ei - gen, der treu und innig,
LA BL.
der treu und
MARQUISE.
Man muss sich
BEN.
Man lie-bet mich, ihr Bru - der
PAC.
Das klingt nicht gar so wi-der-
MIT.
Ei, wie den Faden nun wohl
MARQUIS.
Ihr Kin - der, man muss sich
GAUT. u. MERL.
Was muss ich sehn, was muss ich sehn! Zor - nig

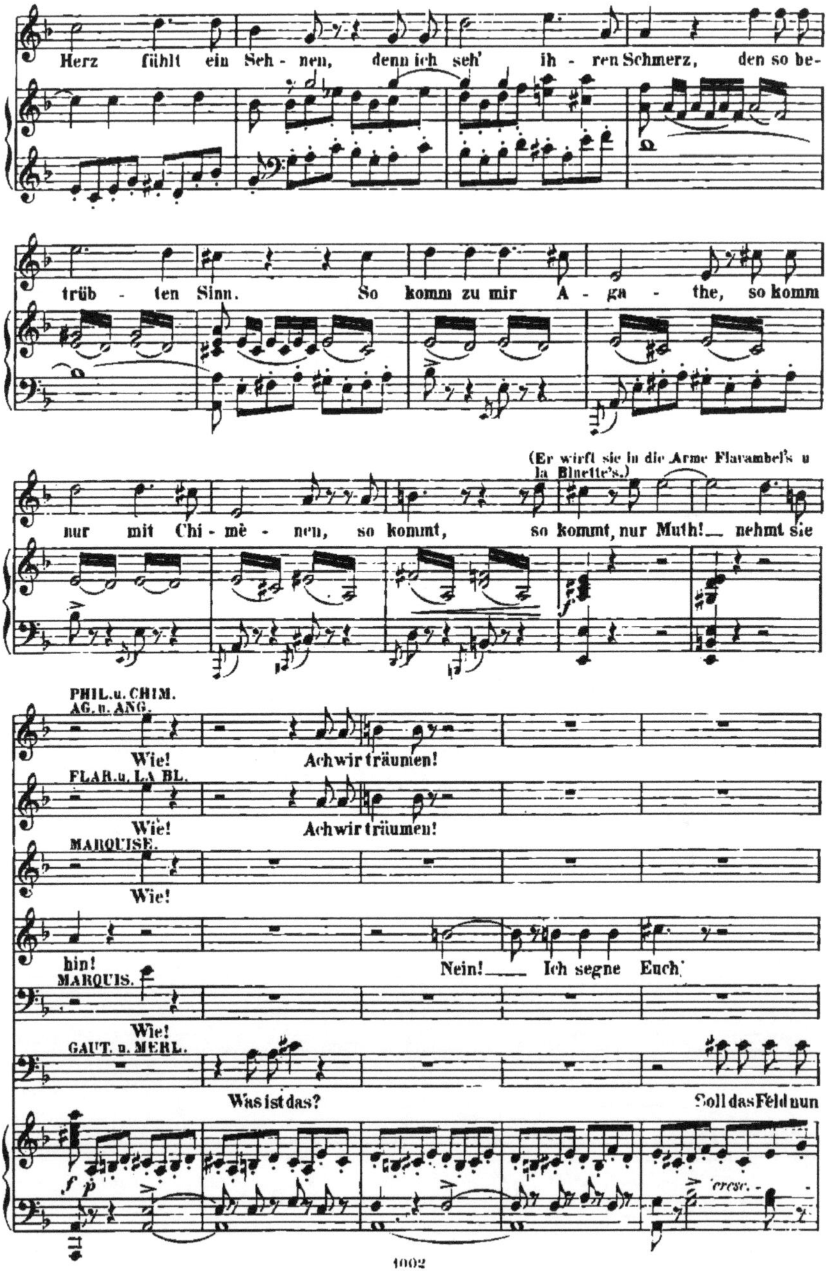
Herz fühlt ein Seh - nen, denn ich seh' ih - ren Schmerz, den so be-
trüb - ten Sinn. So komm zu mir A - ga - the, so komm
(Er wirft sie in die Arme Flarambel's u la Bluette's.)
nur mit Chi - mè - nen, so kommt, so kommt, nur Muth! nehmt sie
PHIL. u. CHIM.
AG. u. ANG.
Wie! Ach wir träumen!
FLAR. u. LA BL.
Wie! Ach wir träumen!
MARQUISE.
Wie!
hin! Nein! Ich segne Euch!
MARQUIS.
Wie!
GAUT. u. MERL.
Was ist das? Soll das Feld nun
f p
cresc.

Akt III.

ENTR'ACT.

№ 15. RONDO.

Dekoration, wie im ersten Akt. Abend. Lichte und Kandelaber sind angezündet. Im Hintergrunde vor dem verhängten Fenster, eine Art Estrade worauf ein Fauteuil.

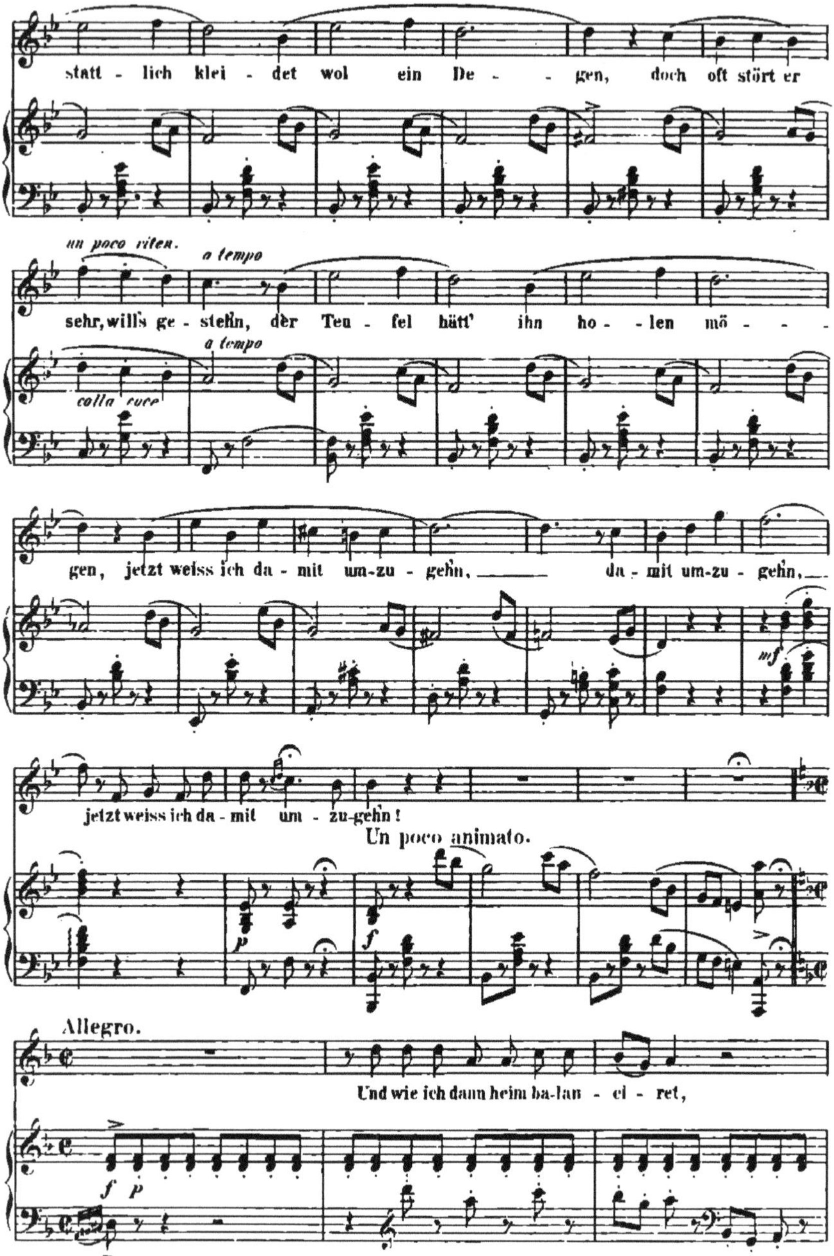
statt - lich klei - det wol ein De - - gen, doch oft stört er
un poco riten.
a tempo
sehr, will's ge - stehn, der Teu - fel hätt' ihn ho - - len mö - - - -
a tempo
colla voce
gen, jetzt weiss ich da - mit um-zu - gehn, da - mit um-zu - gehn,
mf
jetzt weiss ich da - mit um - zu-gehn!
Un poco animato.
p
f
Allegro.
Und wie ich dann heim ba-lan - ci - ret,
f p

№ 16. COUPLETS.

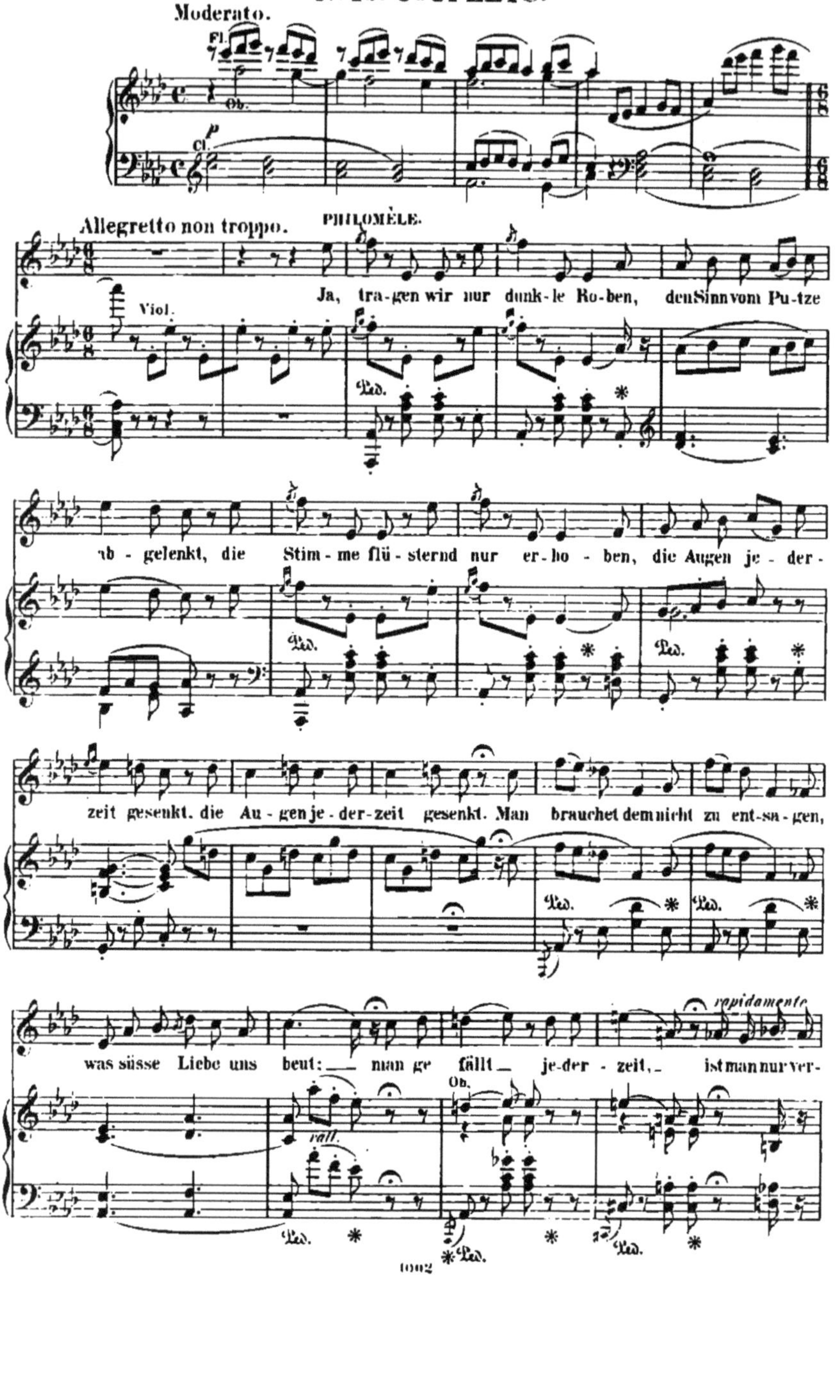
Moderato.
Fl.
Ob.
Cl.
p
Allegretto non troppo.
PHILOMÈLE.
Viol.
Ja, tra-gen wir nur dunk-le Ro-ben, den Sinn vom Pu-tze
ab-gelenkt, die Stim-me flü-sternd nur er-ho-ben, die Augen je-der-
zeit gesenkt, die Au-gen je-der-zeit gesenkt. Man brauchet dem nicht zu ent-sa-gen,
was süsse Liebe uns beut: man ge fällt je-der-zeit, ist man nur ver-
rall.
rapidamente
Ob.

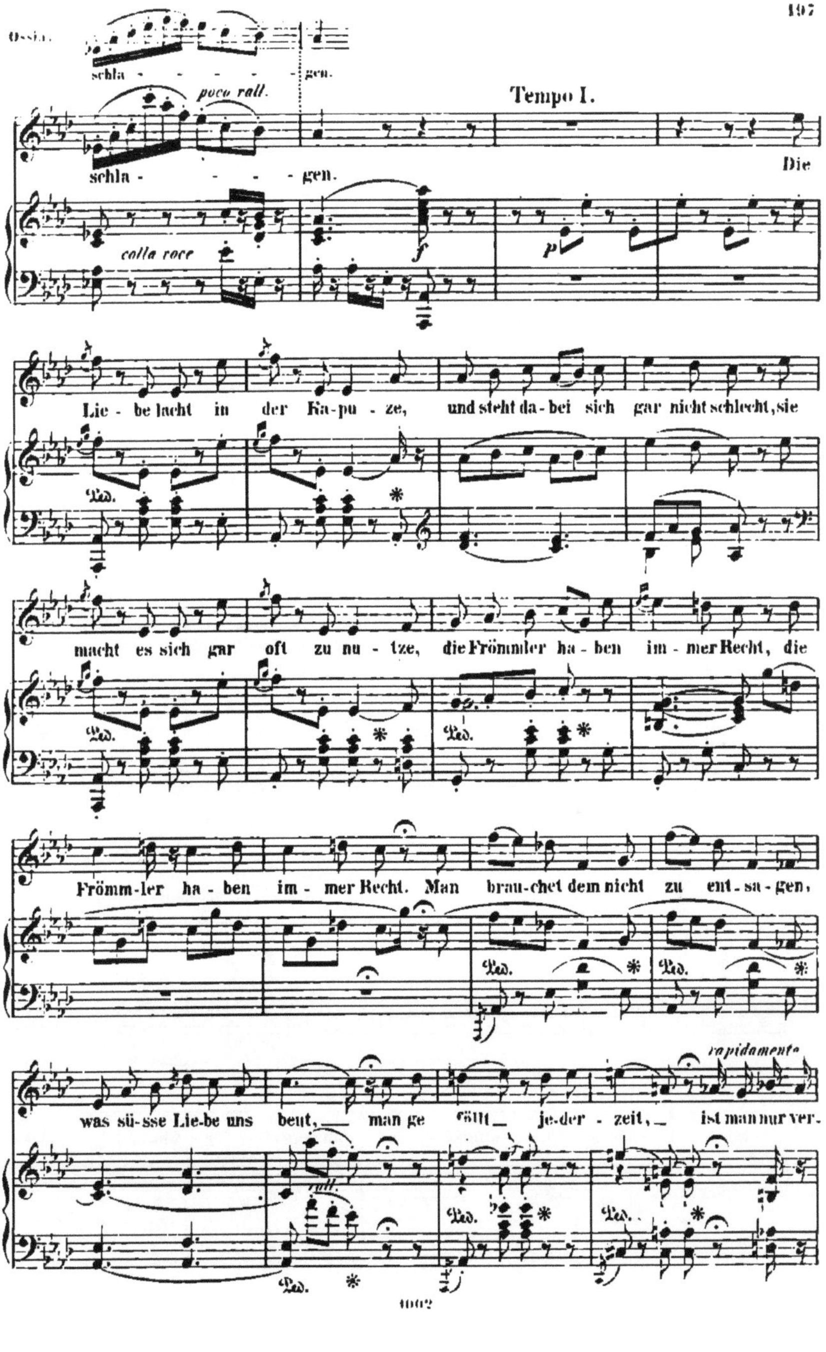
Ossia
schla - - - - - gen.
poco rall.
Tempo I.
schla - - - gen.
Die
colla voce
f
p
Lie - be lacht in der Ka - pu - ze, und steht da - bei sich gar nicht schlecht, sie
macht es sich gar oft zu nu - tze, die Frömmler ha - ben im - mer Recht, die
Frömm - ler ha - ben im - mer Recht. Man brau - chet dem nicht zu ent - sa - gen,
rapidamente
was sü - sse Lie - be uns beut, man ge - fällt je - der - zeit, ist man nur ver-
rall.

schwin- - -den, lass uns ver-schwin- - -den, lass uns ver-schwin-den!

Lie- - -be ihm Kränze win- - -den, ihm Kränze win- -den!

es wird die Lie- - -be ihm Kränze win- -den, ja win- -den!

Lie- - -be ihm Kränze win- - -den, ihm Kränze win- -den!

es wird die Lie- - -be ihm Kränze win- -den, ja win- -den!

Ihr müsst verschwin- - -den, Ihr müsst verschwin-den, ver- -schwin-den!

gut, nun gut, lass uns ver-schwin-den!

an, wohl-an, Ihr sollt ver-schwin-den!

nur ver- - -schwin- -den, wollt nur ver-schwin-den!

müsst ver- - -schwin- -den, Ihr müsst ver-schwin-den!

Recit.
JAV. Und nun? Ach,
BEN. Und nun, Ja-vot-te? Mir scheint, dass mein Tod Dich ent-zücket?